Made in the USA
Monee, IL
21 December 2021

86838394R00073